Ai Hosokawa

taishoji cookbook

2018

2

細川亜衣

晶文社

熊本・黒髪の地。緑深い立田山の麓に明治時代の初めまで"泰勝寺"という寺があった。その後、肥後熊本藩主・細川家の別邸として受け継がれてきたが、2016年、同敷地内に人々の集まる場所として"taishoji"が生まれた。

石段を登り山門を抜けると、目に飛び込んでくる緑の重なり。空高く響く鳥の囀りや風に乗って流れてゆく樹々の葉音。深呼吸をすると、自分自身もそんな風景の一部になったかのような錯覚に陥る。

若葉が芽吹き、花が咲き、実り、枯れ、葉が落ち、また再び芽吹くという自然界の摂理を、私はこの地で如実に感じながら暮らしている。春夏秋冬、ここには眩いばかりの色があり、うっとりするような香りがある。
taishojiの料理教室で私が一番みなさんにお伝えしたいと思うことは、まさに料理と自然は表裏一体につながっているということだ。

冬の終わりに、凍てついた地面から真っ先に顔を出すふきのとうやからし菜。梅の花が咲き、根元の草むらではのびるやよもぎの若葉が少しずつ大きくなり、ふきはいつしか柔らかな葉を茂らせる。庭のあちこちでは、柑橘のふくよかな実が、夜空の星のように無数の実をつける。竹林ではたけのこが伸び、春の間、純白の花を咲かせていた野いちごは、気がつけば、透き通った真紅の実へと姿を変え、太陽の光の下でこれでもかと輝いている。梅雨入り前の梅や、梅雨明け後のすももは、いくらもいでも追いつかないほどに多産である。秋は、栗や柿の古木がなおもその実りを私たちに分け与えてくれる。

ああ、なんと豊かなことだろう。私は、四季の色に目を凝らし、匂いを嗅ぎ、味を感じ取り、月ごとの料理を考える。その営みは果てしなく、自然がそこにある限り、私は料理とともに生きてゆくにちがいない。そして、ここに集う人と、自然と、料理が一つになる光景をずっと眺めていたいと思っている。

2021年初夏　　細川亜衣

食材について

本書では一部の素材や調味料をのぞき、熊本県産のものを使っている。温暖な気候から旬の訪れが全国的に見ると一足早く、また、豊富な地下水、肥沃な土地柄、寒暖の差などさまざまな理由から、野菜や果物などは味が濃く、みずみずしいものが多い。また、魚介類は天草をはじめとする近郊の海から、肉や乳製品は阿蘇などの山間の地域から、良質なものが届く。

とはいえ、必ずしも読者のみなさんが同じような食材を手に入れられるわけではないし、土地ごとに変わる食材の個性を生かすことも、また一つの楽しみでもある。レシピに書いてあることが絶対ととらえず、目の前にある食材と相談し、味見をしながら、好みの味に仕上げてほしいと思う。料理をする人、そして、食べる人が素直に"おいしい"と感じること、それが一番である。

塩について

海塩や岩塩など自然な味わいのある塩を使う。さらさらとしたもの、しっとりとしたもの、食感のあるもの……好みにより、また、料理により使い分けるとよい。なお、仕上げにふる塩は、料理の上ですぐに溶けず、舌にのせた時にほんのりと甘みを感じるものを選ぶ。本書では、材料表に一括して"塩"と記し、レシピの文中において"粗塩"と記している。

分量について

1カップは200㎖、大さじは15㎖、小さじは5㎖を表す。

表記のあるもの以外は、おおよそ4人分。分量の表記がない場合は、適量を意味する。

2018年
1月

モロッコを旅したのは、
もうだいぶ前の冬だった。
ずっと脳裏から離れない色や香りを、
たぐり寄せるように料理する。

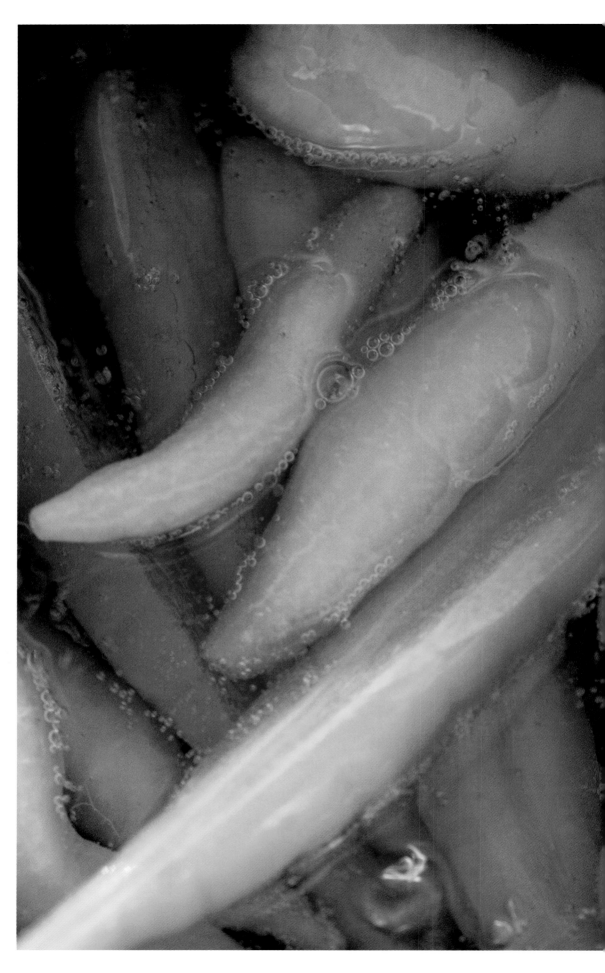

揚げにんじんのサラダ

ひよこ豆とほうれん草のソテー *p.20*

さわらの黄色いクスクス
p.20

シナモンのスープ
—
p.22

揚げにんじんのサラダ

p.15

にんじん（小）	400g
揚げ油	
にんじんの葉	ひとつかみ
ホワイトバルサミコ	20g
塩	
［ソース］	
干し柿	40g
ドライトマト	20g
ミニトマト	100g
にんにく	1かけ
赤唐辛子	1本
ハーブ（イタリアンパセリ、コリアンダー）	各数本
赤ワインビネガー	20g
オリーブ油	20g
ホワイトバルサミコ	
塩	

にんじんは小さければそのまま、大きければ好みの形に切る。

にんじんの葉はかたい茎を落とし、冷水につけてぴんとしたら水気をしっかりと切っておく。

鍋またはフライパンに揚げ油を入れて中火にかけ、温まったらにんじんを入れて揚げる。

にんじんを揚げている間にソースを作る。

干し柿、ドライトマト、ミニトマトはそれぞれ小さく切る。

にんにくはつぶし、種をのぞいた赤唐辛子とハーブはみじん切りにする。全てを合わせ、赤ワインビネガーとオリーブ油を加えて混ぜておく（*a*）。

にんじんを途中で裏返し、芯までごくやわらかく火が通ったら取り出して油を切る。

火を止めて余熱で葉を揚げ、水分が抜けてかりっとしたら取り出して油を切る。

にんじんを皿に盛り、ホワイトバルサミコとソースをかけて、にんじんの葉を散らし、粗塩をふる。

a

ひよこ豆とほうれん草のソテー ── p.16

ひよこ豆	60g
ほうれん草	200g
コリアンダーシード	小さじ1/2
クミンシード	小さじ1/2
にんにく	1かけ
オリーブ油	大さじ2
塩	
レモン（好みで）	

ひよこ豆はたっぷりかぶるくらいの熱湯をかける。

湯が冷めたらこぼし、再びたっぷりの熱湯をかけて戻す。

湯が冷めてふっくらとしたら、漬け水ごと蒸気の立った蒸し器に入れて40分ほど蒸し、芯までやわらかくなったら塩少々を加えておく。

ほうれん草は根から一本ずつはずして洗い、たっぷりの冷水に浸しておく。

コリアンダーシードとクミンシードは乳鉢で軽くつぶし、鍋またはフライパンに入れて中火にかける。

香りが立ったらつぶしたにんにくとオリーブ油を加え、ほうれん草を入れてさっと混ぜる。

水気を切ったひよこ豆を加えてささっと炒める。

塩をふり、ほうれん草がやわらかくなったら火を止める。

器に盛り、好みでレモンを搾る。

さわらの黄色いクスクス ── p.17

［ソース］

さわら	4切れ（400g）
しょうが	1かけ
にんにく	1かけ
コリアンダーの根と茎	数本分
ターメリック	小さじ1/2
クミンパウダー	小さじ1
チリペッパー	小さじ1/2
サフラン	ふたつまみ
かぶ	小4個
白菜	大4枚
ねぎ	2本
赤唐辛子	1〜2本
ゆずの塩漬け（p.22）	4かけ
水	100g
オリーブ油	40g
塩	

材料　次頁につづく

［クスクス］
クスクス ———————————— 1カップ
ローリエ ———————————— 10枚
オリーブ油 ——————————— 大さじ1
塩
［仕上げ］
コリアンダーの葉

ソースを作る。

さわらは軽く塩をふり、しょうが、にんにく、コリアンダーの根と茎をみじん切りにして、ターメリック、クミンパウダー、チリペッパーの半量をまぶしておく（a）。

サフランはひたひたの水につけて色が出るまでおく（b）。

かぶは葉を落とし、かたいところをのぞく。

白菜は芯と葉に分けて大きめに切り、ねぎは斜め切りにする。

鍋にオリーブ油の半量を引き、かぶ、白菜の芯、ねぎを入れる。

残りのスパイス、粗塩を加えて軽くあえる。

さわらを並べ、赤唐辛子とゆずの塩漬けを加える。

白菜の葉を上にのせ、水、水に浸したサフラン、残りのオリーブ油を回しかける。

ふたをして中火にかけ、音がしてきたら弱火で30分ほど蒸し煮にする。

白菜がとろりとやわらかくなったら、塩味をととのえる。

クスクスを作る。

クスクス、塩、オリーブ油をボウルに入れ、同量の沸騰した湯を注いでふたをする。

粗熱が取れたら、両手でやさしく全体をよくほぐす。

ざるにローリエの葉の半量を敷き、クスクスを入れ、残りのローリエの葉をのせる（c）。

蒸気の上がった蒸し器に入れ、強火で15分蒸す。

途中で数回取り出してふんわりと混ぜる。

器に熱々のソースとクスクスを盛り合わせ、コリアンダーの葉を散らす。

a　　　　　　　*b*　　　　　　　*c*

ゆずの塩漬け

作りやすい分量
ゆず
塩 ———————————————————— ゆずの20%

ゆずは半分から4等分に切り、種をのぞく。
清潔な瓶に塩と交互に重ねていき、ふたをしてそのまま室温で塩が溶けるまでおく(a)。
冷蔵庫で保存する。

* そのまま煮ものやマリネ、鍋などに使ったり、細かく刻んでさまざまな料理の隠し味や仕上げに使う。一部をフードプロセッサーでねっとりとするまで撹拌し、ゆず塩ペーストにして瓶詰めにしておくと、使い勝手がよくなる。
* 1年以上保存すると、色は褪せるが熟成して味がこなれて、さらにおいしい。

a

シナモンのスープ　p.18

6人分
［ミルクのジェラート］
牛乳 ——————————————————————— 100g
生クリーム ————————————————————— 100g
バニラシュガー ———————————————————— 50g
［シナモンティー］
シナモンスティック ——————————————————— 5g
水 ————————————————————————— 200g
［プルーンのシナモン煮］
ドライプルーン(やわらかいもの) ——————————— 6個
バニラシュガー ———————————————————— 25g
シナモンティー(上記) ————————————————— 50g
［仕上げ］
シナモンティー(上記) ————————————————— 150g
甘い香りの柑橘の絞り汁(デコポン、ポンカン、ネーブルなど) —— 60g
ピスタチオ ————————————————————— 12粒

作り方　次頁につづく

ミルクのジェラートを作る。

牛乳、生クリーム、バニラシュガーをバットに入れてよく混ぜ、一晩冷凍庫でかためる。

小さく切り分け、フードプロセッサーでねっとりとするまで撹拌し、再び冷凍する。

シナモンティーを作る。

小鍋に適当に割ったシナモンスティックと水を入れ、ふたをして中火にかける。

煮立ったら弱火で10分煮てから漉す。

プルーンのシナモン煮を作る。

鍋にドライプルーン、バニラシュガー、分量のシナモンティーを入れ、オーブンシートで落しぶたをする。

ふたをして中火にかけ、煮立ったら弱火で10分煮て、火を止める。

粗熱が取れたらプルーンを取り出し、煮汁だけとろりとするまで煮詰めてソースにする。

シナモンティー、プルーン、ソースともに冷やしておく。

冷やした器にミルクのジェラートを盛り、プルーンのシナモン煮をのせ、ソースをかける。

ピスタチオのみじん切りを散らし、まわりにシナモンティーと柑橘の搾り汁を注ぐ。

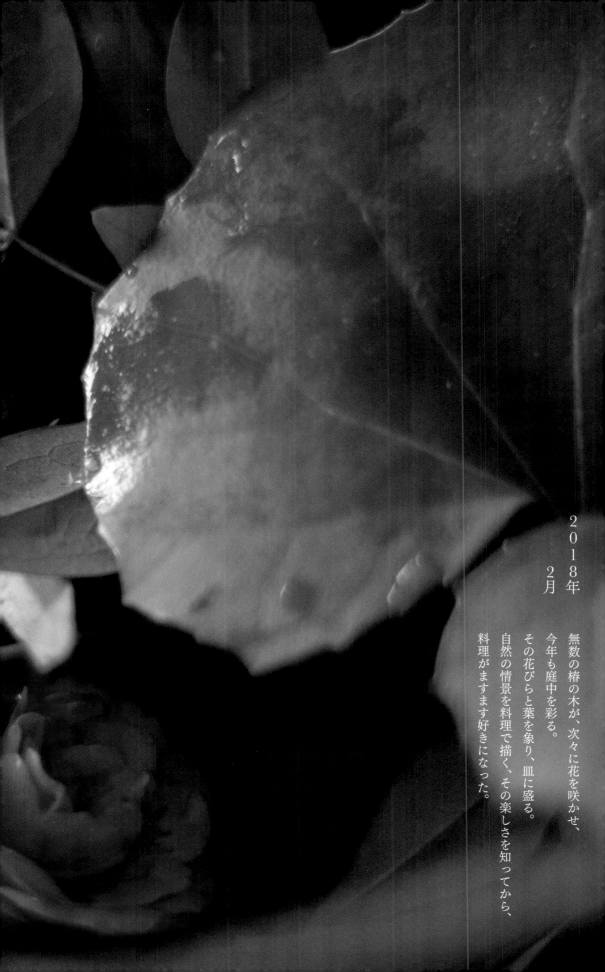

2018年
2月

無数の椿の木が、次々に花を咲かせ、
今年も庭中を彩る。
その花びらと葉を象り、皿に盛る。
自然の情景を料理で描く、その楽しさを知ってから、
料理がますます好きになった。

蒸し野菜のサルモリッリオ

p.30

26

椿のパスタ
—
p.30

鶏肉・新じゃがいも・
新玉ねぎのロースト
— *p.32*

28

チョコレートのテリーヌ
―
p.33

蒸し野菜のサルモリッリオ
——
p.26

好みの野菜
（今回はブロッコリー、カリフラワー、大根）
［サルモリッリオ］
イタリアンパセリ ——————————— 15g
ドライオレガノ ——————————— 小さじ1/2
にんにく ——————————— 小1かけ
塩
レモン汁 ——————————— 25g
オリーブ油 ——————————— 50g
熱湯 ——————————— 大さじ1/2
［仕上げ］
塩

サルモリッリオを作る。
イタリアンパセリは茎ごとみじん切りにし、ボウルに入れる。
ドライオレガノを指先でもんで入れ、つぶしたにんにくと塩を加える。
レモン汁、オリーブ油、熱湯を順に加え、とろりと乳化するまでよく混ぜる。
野菜は蒸すまで冷水に浸しておき、必要に応じて人数分に切り分ける。
蒸気の立った蒸し器に入れ、強火でほどよいやわらかさに蒸す。
熱々の野菜を皿に盛り合わせ、サルモリッリオをかけ、粗塩をふる。

＊ サルモリッリオはシチリアの代表的なソースで、かじきまぐろなどの魚や肉類のグ
リルに添えることが多い。

椿のパスタ
——
p.27

［緑のペースト］
かぶの葉 ——————————— 80g
水 ——————————— 80g
塩 ——————————— 少々
［生地］
強力粉 ——————————— 120g
緑のペースト（上記） ——————————— 約70g
［スープ］
かぶ ——————————— 300g
牛乳 ——————————— 300g
塩
［仕上げ］
緑のペースト（上記） ——————————— 生地の残りの分
オリーブ油 ——————————— 40g
パルミジャーノ・レッジャーノ
塩

作り方　次頁につづく

緑のペーストを作る。

かぶの葉は太い軸をはずし、葉をざく切りにしてミキサーに入れ、水と塩を加えてなめらかに撹拌する。

パスタを作る。

ボウルに強力粉を入れて山にし、中心にくぼみを作り、緑のペーストを注いで混ぜる（*a*）。

ひとまとめにしたら台の上に移し、表面がなめらかになるまでこねる。ボウルをかぶせて30分ほど休ませる。

スープを作る。

かぶは丸のまま蒸気の立った蒸し器に入れ、強火で芯がやわらかくなるまで蒸す。

熱いうちにミキサーに入れ、塩を加えてなめらかなピュレ状にし、牛乳を加えてさらに撹拌する。

パスタを成形する。

必要に応じて台に打ち粉をし、生地を麺棒で1mm厚さに伸ばす（*b*）。

小さなナイフを使って椿の葉の形に切り（*c*）、台の上に重ねないように広げておく。

残りの緑のペーストにオリーブ油を加えて混ぜておく。

スープの鍋を中弱火にかけて温め、その間に別の鍋に湯を沸騰させ、粗塩を入れてパスタをゆでる。

再沸騰してほどよいかたさになったら、温めた皿に熱々のスープを注ぎ、パスタの湯を切って盛る。

緑のペーストを回しかけ、パルミジャーノ・レッジャーノをすりおろし、粗塩をふる。

* かぶの葉がない時は、イタリアンパセリやコリアンダーなどで色とともに香りをつけてもよい。

a   *b*   *c*

鶏肉・新じゃがいも・新玉ねぎのロースト

p.28

鶏骨つき肉	8切れ（約600g）
新じゃがいも	小8個
新玉ねぎ	2個
トマト水煮の果肉	2個
田舎パン	50g
アンチョビ	2枚
オリーブ（緑、黒好みで）	4個＋8個（仕上げ用）
ケッパー塩漬け	10g
オレガノ	数本
オリーブ油	大さじ2（鶏肉用）＋大さじ2（パン粉用）
塩	

鶏骨つき肉は脂身や血の塊があればのぞき、軽く塩をふる。

新じゃがいもは、皮ごと大きければ半分に切る。

新玉ねぎは皮をむき、4等分のくし型に切る。

オーブンに入れられるフライパンまたは鍋を中火で熱してオリーブ油を引き、鶏肉を皮目から入れて焼く。

下の面が色づいたら裏返し、全体に焼き色がついたらいったん取り出す。

新じゃがいもと新玉ねぎを、鶏肉を焼いたフライパンに入れ、中火で時々返しながら焼く。

全体に焼き色がついたら鶏肉を加え、具材が重ならないようにならす。

トマト水煮の果肉をくずして散らし、水をひたひたに注いで中強火にかける。

田舎パンは、フードプロセッサーで粗挽きにする。

アンチョビ、オリーブ4個、ケッパー、オレガノは全て粗みじん切りにし、パン粉と合わせて混ぜる（*a*）。

新じゃがいもに串が通ったら、混ぜたものを散らし、オリーブ油を回しかける。

200℃のオーブンで30分ほど、おいしそうな焼き色がつくまで焼く。

汁の味を見て塩味をととのえ、仕上げのオリーブを散らして供する。

＊ オレガノは生が手に入らない場合は、ドライオレガノを小さじ1/2ほど使ってもよい。

a

チョコレートのテリーヌ

p.29

小パウンド型1本分（約8人分）
［セミフレッド］
チョコレート（カカオ分70%）———— 100g
生クリーム ———————————— 200g
［バナナクリーム］
バナナ（完熟）———————— 2本（正味約200g）
きび砂糖 ————————— バナナペーストの1/3量
生クリーム ———————— バナナペーストの1/3量
［仕上げ］
ビターチョコレート
ホワイトチョコレート

セミフレッドを作る。
チョコレートはフードプロセッサーで細かく砕き、ボウルに入れる。
生クリームの半量を鍋に入れて中火にかけ、沸騰したらチョコレートの
ボウルに入れる。
へらでなめらかになるまで混ぜたら、冷やしておく。
残りの生クリームを別のボウルに入れ、氷水に当てながら8分立てにする。
1/3量をチョコレートのクリームに加えて混ぜ合わせる。
全てを生クリームのボウルに戻し入れ、泡をつぶさないようにむらな
く混ぜる。
型に大きめに切ったラップをきれいに敷き込み、余った部分は外側にた
らす。
生地を流し入れ、表面をならしてラップで包み、冷凍庫に一晩入れて冷
やしかためる。
バナナクリームを作る。
バナナは皮つきのまま250℃のオーブンで10分焼く。
熱いうちに皮をむいて裏ごしして、重さを量る。
鍋にバナナペーストときび砂糖を加えて中火にかけ、混ぜながら煮る。
生クリームを加え、ねっとりとするまで中火で煮る。
セミフレッドを型から取り出し、温めたナイフで好みの形に切って器に
盛る。
脇に熱いバナナクリームを盛る。
セミフレッドの上にビターチョコレートを、バナナクリームの上にホワ
イトチョコレートを削ってかける。

2018年
3月

たけのこ、野蒜、野みつば……春の野は、
どうしてこうも料理心をくすぐるのだろう。
天ぷらやおひたしもいいけれど、
中国の旅で学んだ山菜使いは、料理を、
そしてここでの暮らしを、
より色鮮やかなものにしてくれる。

野菜の焼饅頭 — *p.42*

豚肉とたけのこの腐乳蒸し
——
p.43

中華粥 p.44

春野菜とゆで鶏の翡翠だれ
──
p.44

厚揚げとこんにゃくのふきしょうゆ p.45

40

2018年
4月

たらの木にはさみを伸ばし、若芽を切る。
畑の青い豆を、もぐ。
市場の野菜は彩りにあふれ、
みずみずしさを増してゆく。
それらを触り、眺め、匂いを嗅ぎ、
どう手を動かすのかを考える。

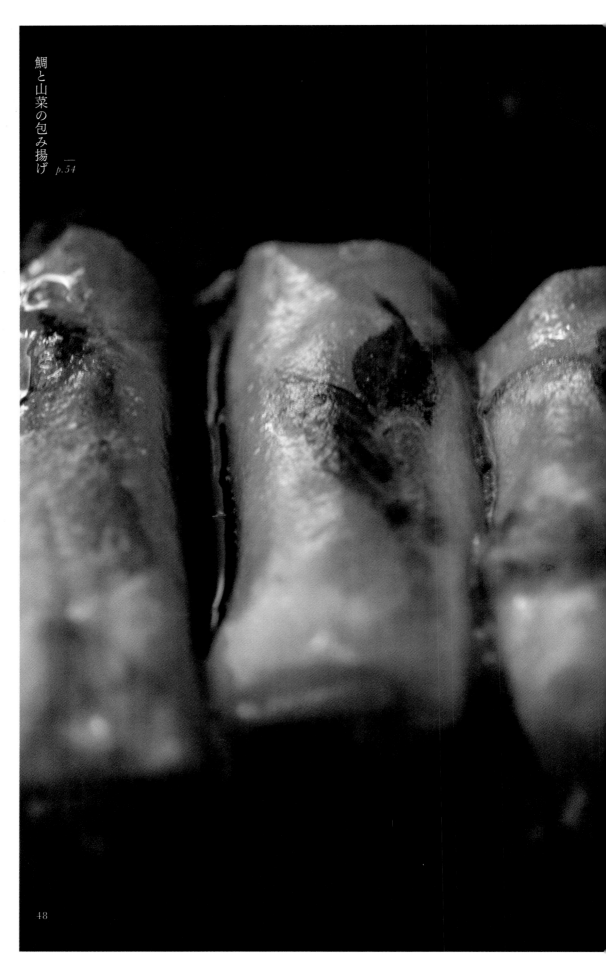

鯛と山菜の包み揚げ
― p.54

やりいかとうどの紫だれ

p.55

新玉ねぎとミニトマトのみそ炒め p.55

グリーンピースごはん
—
p.56

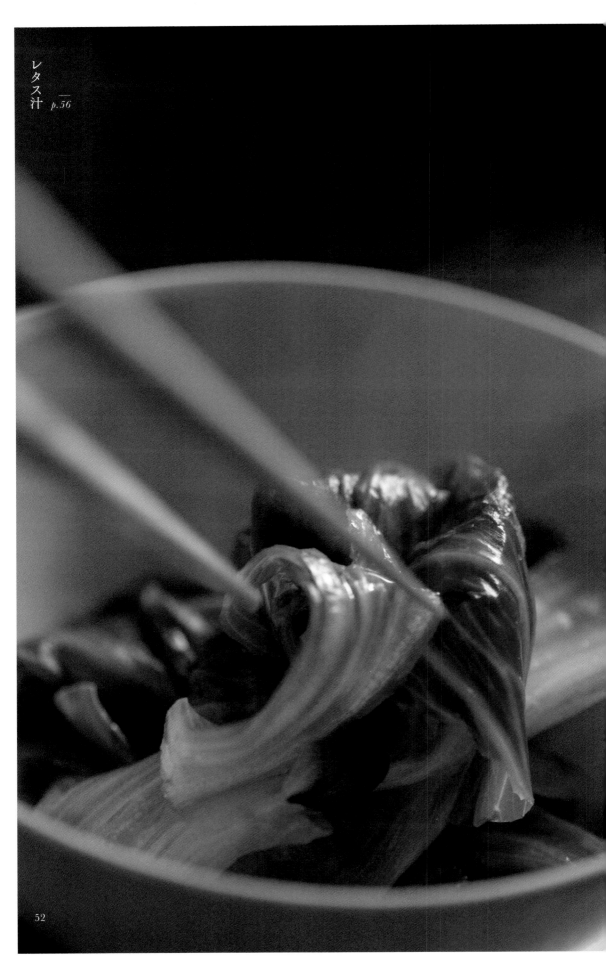

レタス汁 p.56

空豆の冷やしぜんざい
p.57

鯛と山菜の包み揚げ
——
p.48

8個分
春巻きの皮 ——————————4枚
鯛 ———————————————160g
たらの芽 ——————————8個
木の芽 ———————————8枚
薄力粉 ———————————大さじ1
水 ————————————————大さじ1
揚げ油
青山椒
塩

春巻きの皮は三角形になるよう半分に切る。
鯛は薄切りにし、たらの芽は食べやすい大きさに切る。
春巻きの皮に等分した鯛、たらの芽、手の甲で叩いた木の芽をのせる。
両端を折り（*a*）、手前から奥に転がして棒状にする。
隅を水で溶いた薄力粉で留める。
鍋に揚げ油を入れて中火で熱し、春巻きを入れて揚げる。
途中で裏返し、香ばしく色がついたら油を切る。
器に盛り、青山椒を挽き、粗塩を添える。

a

やりいかとうどの紫だれ
p.49

やりいか（刺身）	200g（正味）
うど	1本
酢	
［紫だれ］	
柴漬け	40g
梅酢	10g
米油	20g

紫だれを作る。
柴漬けをみじん切りにし、梅酢と米油を加え混ぜる。
やりいかは細く切る。
うどは皮をむき、千切りにして酢水にさらし、しっかりと水気を切る。
器にやりいかとうどを盛り合わせ、紫だれをかける。

新玉ねぎとミニトマトのみそ炒め
p.50

新玉ねぎ	中2個
ミニトマト	8個
赤唐辛子	1本
菜種油	大さじ2
みそ	大さじ2
酒	大さじ2
しょうゆ	小さじ1
えごま（粒）	大さじ1

新玉ねぎは一口大の乱切りにする。
ミニトマトはへたを取り、半分に切る。
フライパンを熱して菜種油を引き、中強火で新玉ねぎと赤唐辛子を炒める。
しんなりとしたらミニトマトを入れ、さっと炒め合わせる。
野菜を端に寄せて、空いたところにみそと酒を入れて溶かす。
全体に絡めながら炒め、しょうゆを回しかけて火を止める。
器に盛り、半ずりにしたえごまをふる。

グリーンピースごはん
p.51

米	2カップ
もち米	大さじ2
グリーンピース（さやをむいたもの）	1カップ
水	3カップ
塩	大さじ1

米ともち米を研ぎ、ざるに上げて30分以上おく。

鍋に分量の水を入れて、中火で煮立てる。

塩を入れ、グリーンピースをゆでる。

ほどよいやわらかさになったら火からおろす。

オーブンシートで落しぶたをし、鍋ごと氷水に当てて冷ます。

炊飯鍋に米を入れ、米と同量のグリーンピースのゆで汁を入れてふたをする。

中火にかけ、沸騰したら弱火で15分炊き、最後に数秒強火にし、火を止める。

3分蒸らしたら、グリーンピースの水気を切って散らす。

再びふたをして1分ほど蒸らし、さっくりと混ぜて茶碗に盛る。

レタス汁
p.52

好みのレタス	大1個
いりこと昆布の水だし（*p.57*）	400g
酒	40g
塩	

レタスは1枚ずつはがし、冷水につけておく。

パリッとしたら水から上げ、手で適当な大きさにちぎる。

いりこと昆布の水だしを鍋に入れ、酒と塩を加えて煮立てる。

レタスを入れ、ふたをして中弱火で20分ほど煮る。

塩味をととのえ、温めた器に盛る。

* レタスはロメインレタスで作ると、色鮮やかに煮上がる。

いりこと昆布の水だし

1リットル分
いりこ ————————————— 10g
昆布 ————————————— 10g
水 ————————————— 1000g

いりこを鍋に入れ、弱火で煎る。
ふんわりといりこの香りがしたら、火から下ろして昆布と水を加える。
冬は冷暗所または冷蔵庫で1〜2晩、夏は冷蔵庫で1晩浸しておく。
十分に旨味が出ていたら、漉す。
残ったいりこと昆布は水をかぶるくらい注ぎ、弱火にかけて二番だしを
取る。
あくを取りながら煮て、軽く沸騰したらすぐに火を止めて漉す。

* いりこと昆布の量はそれぞれの品質による。味をみて旨味が足りない時は、適宜量
　を増やす。

空豆の冷やしぜんざい
—— p.53

空豆（薄皮までむいたもの）————————— 80g
グラニュー糖 ————————————— 40g
水 ————————————— 40g
［仕上げ］
氷 ————————————— 4かけ
牛乳 ————————————— 大さじ2
練乳 ————————————— 小さじ2

空豆は半割りにする。
鍋にグラニュー糖と水を入れ、中火で煮る。
グラニュー糖が溶けたら空豆を入れ、色よく煮えたら火を止める。
オーブンシートで落しぶたをし、鍋ごと氷水に当てて冷ます。
空豆を1人につき3粒ずつ取りおき、残りはミキサーでなめらかに撹拌する。
めいめいの器に盛り分け、ミキサーを洗わずに氷を入れて粗く砕く。
氷を盛り、取りおいた空豆をのせ、冷たい牛乳と練乳をまわしかける。

2018年
5月

今年もまたガラスに料理を盛る。
畑の香草に咲く可憐な花は、
この地では早くも旬を迎えるすいかに添えよう。
赤、白、緑、薄緑……
初夏の色はゆがみのあるガラスによく映える。

香るすいか
p.65

60

トマトとパプリカのスープ

――
p.65

聖母のフォカッチャ
—
p.66

新玉ねぎとパセリのメンチカツ
— p.67

メロンとハーブのグラニータ p.68

2018年
6月

庭に植えたすももが今年も鈴なりだ。
春のほの白い花に始まり、初夏の若葉、
そして夏の始まりに赤い実をつけ、
長く目を楽しませてくれる。
食後はすもも、では料理は?
デザートから考える献立も、またいいものだ。

ズッキーニのパニョッティエッリ ― p.76

ズッキーニとしらすのサラダ
p.77

アスパラガスとじゃがいものラヴィオリ

_p.78_

たこのサラダ *p.79*

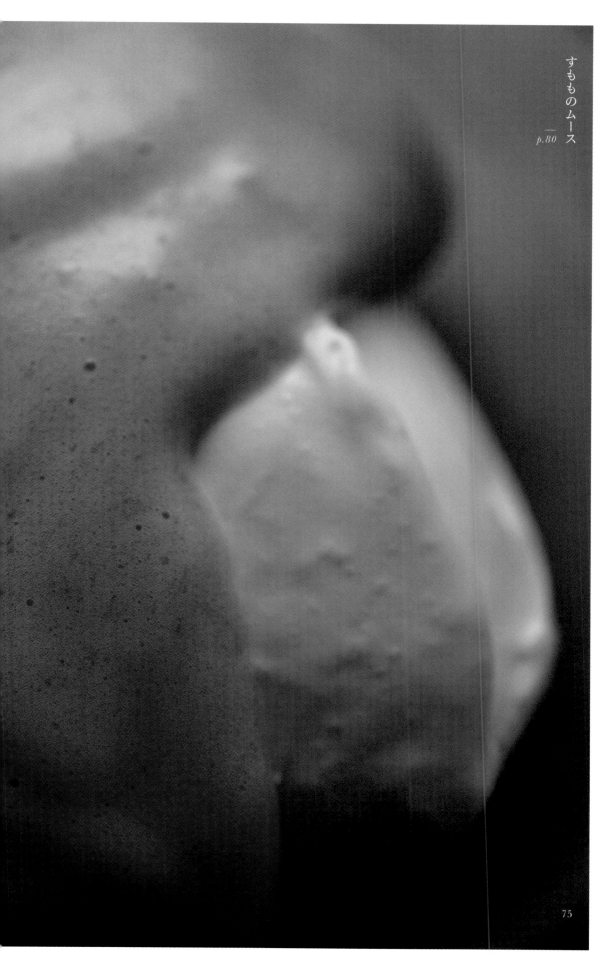

すもものムース
—
p.80

ズッキーニのパニョッティエッリ
p.70

マフィン型6個分
［生地］
強力粉 ──────────── 200g
おから ──────────── 100g
ドライイースト ──────── 4g
塩 ───────────────── 4g
はちみつ ──────────── 10g
オリーブ油 ───────── 20g＋適量
水 ───────────────── 120g
［詰め物］
ズッキーニ ──────────── 120g
好みのハーブ ─────────── 10g
好みのチーズ ─────────── 60g
パルミジャーノ・レッジャーノ ──── 30g
オリーブ油
塩

生地を作る。
ボウルにおからを入れてほぐし、強力粉、ドライイースト、塩を加えて
よく混ぜる。
中心にくぼみを作り、はちみつ、オリーブ油、水を注いで混ぜる。
ひとまとめにしたら台の上に移し、表面がなめらかになるまでこねて丸
める。
オリーブオイルを塗ったボウルにとじ目を下にして入れ、ラップなどで
覆い、暖かいところ（約30℃）に1時間ほどおき、倍の大きさになるま
で発酵させる。
オリーブ油を塗った台の上に取り出し、生地を6分割する。
台の上でやさしく丸め、とじ目を下にして布巾をかけて15分ほどおく。
詰め物を作る。
ズッキーニを粗めにすりおろし、ハーブのみじん切り、刻んだチーズ、
オリーブ油、粗塩を加え混ぜる。
生地を手の上で丸く広げ、詰め物を中心にのせて(*a*)口が開かないよう
に閉じる(*b*)。

a　*b*

作り方　次頁につづく

マフィン型に型紙を敷くか、オリーブ油をしっかりと塗っておく。
とじ目を上にして型に入れ、霧を吹き、オリーブ油を塗る。
暖かいところでさらに30分ほどおき、ふっくらするまで発酵させる。
パルミジャーノ・レッジャーノをすりおろし、霧を吹く。
220℃のオーブンで約15分、数回霧を吹きながら、こんがり色づくまで焼く。
焼けたらすぐに型から出して網にのせ、熱々を供する。

* 具のハーブはディル、フェンネル、イタリアンパセリ、ミントなどが合う。
* チーズはどんなものでもよい。モッツァレラの場合は、水気を切って使う。

ズッキーニ ———————————————— 2本
釜揚げしらす ———————————————— 100g
レモン
オリーブ油
塩
こしょう

ズッキーニとしらすのサラダ

p.71

ズッキーニを粗くすりおろす。
鍋に湯を沸かし、ざるに入れた釜揚げしらすをさっと湯通しして、湯をしっかりと切る。
皿にズッキーニとしらすを盛り合わせる。
レモンを搾り、オリーブ油をかけ、粗塩をふり、こしょうを挽く。

アスパラガスとじゃがいものラヴィオリ

p.73

[生地]
強力粉 ──────────── 240g
水 ──────────── 120g
[詰め物]
アスパラガス ──────────── 80g
じゃがいも ──────────── 80g
塩
[ペースト]
バジリコ ──────────── 20g
にんにく ──────────── 少々
塩 ──────────── 1g
オリーブ油 ──────────── 40g
[仕上げ]
塩

生地を作る。
ボウルに強力粉を入れて山にし、中心をくぼませ、水を注いでへらなど
で混ぜる。
ひとまとめにしたら、台の上に移して表面がなめらかになるまでこねる。
ボウルをかぶせて30分ほどおく。
詰め物を作る。
アスパラガスは根元のかたいところを折り、軸は小口切りにし、穂先は
取りおく。
じゃがいもはやわらかく蒸してから皮をむき、熱いうちにつぶして塩を
する。
じゃがいもが冷めたらアスパラガスの軸を混ぜておく。
ペーストを作る。
バジリコは葉を摘み、沸騰した湯に塩を入れてさっとゆでる。
色が鮮やかになったらすぐに氷水に取り、ざるに広げて水気を切る。
ミキサーににんにく、塩、オリーブ油を入れて撹拌し、さらにバジリコ
を絞らずに加えてなめらかになるまで撹拌する。
成形する。
必要に応じて生地に打ち粉をしながら、麺棒やパスタマシーンで約1mm
厚さに伸ばし(*a*)、10cm幅の長方形を2枚1組にする。
1枚の生地の上下を1cmずつあけ、1.5cm大に丸めた具を間をあけて並べ
る(*b*)。
もう1枚の生地をかぶせ、指で具のまわりを押さえて空気を抜いていく(*c*)。
ローラーで端を落として四角く切り分け、台の上に広げておく。
鍋に湯を沸かし、アスパラガスのかたいところを入れてしばらくゆでる。
色が褪せたら取り出し、粗塩を入れてラヴィオリをゆでる。
再沸騰して3分ほど経ったら、アスパラガスの穂先を加える。
すぐに手つきの網ですくい、水気をしっかりと切って温めた器に盛る。
ペーストを回しかけ、粗塩をふる。

a   *b*   *c*

た
こ
の
サ
ラ
ダ
──
p.74

ゆでだこ	200g
わかめ（戻したもの）	100g
アボカド	2個
［ソース］	
ピーマン	4個
小ねぎ	4本
イタリアンパセリ	ひとつかみ
青唐辛子酢漬け (*p.45*)	1〜2本
ケッパー塩漬け	小さじ1
レモン汁	大さじ2
オリーブ油	大さじ2
塩	

具材は全て冷やしておく。

ソースを作る。

ピーマンはへたと種をのぞき、手で小さくちぎる。

小ねぎ、イタリアンパセリはざく切りにする。

青唐辛子酢漬けは小口切りにし、ケッパー塩漬けはみじん切りにする。

全て合わせ、レモン汁とオリーブ油であえる。

ゆでだこは薄いそぎ切りにする。

わかめは食べやすく切る。

アボカドは縦半分に切り、皮と種をのぞいてさらに半分に割る。

大皿にゆでだこ、わかめ、アボカドを盛り合わせてソースをかけ、粗塩
をふる。

すもものムース

——
p.75

[クリーム]
生クリーム（47%）———————— 120g
梅シロップ ——————————————— 50g
[ムース]
板ゼラチン ——————————————— 10g
すももソース（下記）———————— 200g
熱湯 ————————————————————— 120g

クリームを作る。
生クリームをボウルに入れ、氷水に当てながら泡立てる。
とろみがついたら、梅シロップを加え混ぜる。
ムースを作る。
板ゼラチンは冷水でふやかしておく。
ボウルにすももソースを入れ、沸騰した湯を加え混ぜる。
水気を絞った板ゼラチンを加え混ぜて溶かし、氷水に当てながら泡立てる。
きめ細やかな泡が立ち、とろりとたれるくらいの濃度がついたら止める。
ムースができたらすぐに冷やした器にクリームを盛り、ムースをかけて
供する。

すもものソース

作りやすい分量
すもも（やわらかく熟したもの）———— 1000g
グラニュー糖 ————————————————— 果肉の25%

すももは切れ込みを入れ、手でにぎりつぶすようにしてボウルに入れる。
種をのぞいて重さを量り、グラニュー糖を量る。
鍋に果肉を移し、全体の1/3量のグラニュー糖を加えて強火にかける。
へらで混ぜながら煮て、中心まで煮立ったら火を止める。
オーブンシートで落としぶたをし、冷めるまでおく。
オーブンシートをはがして中強火にかけ、残りのグラニュー糖の半量を
加えて煮る。
あくを取り、残りのグラニュー糖を加える。
鍋底を焦がさないようによく混ぜ、煮汁を少量取り、平らなところに落と
してみて円が広がらないようになったら火を止める。
熱々を瓶に詰め、すぐにふたをして逆さまにする。
冷めたらしっかりとふたを閉じ、冷蔵庫で保存する。

* ムースのほか、パンやデザートに添えたり、冷たい牛乳で割って「すももミルク」
  にしたり、冷凍してフードプロセッサーにかけ、「すももシャーベット」にすると
  よい。

揚げ豚と
とうもろこしの梅醤炒め
——
p.90

85

寄せ豆腐とパセリのスープ p.92

炙りトマトのあえ麺
— p.92

黄色い果実のグラス *p.93*

黒揚げ

p.82

約8人分（16個分）
ばら干しのり —————————— 5g
焼きのり ————————————— 5g
黒ごま ————————————— 15g
薄力粉 ———————————— 大さじ2
片栗粉 ———————————— 大さじ2
冷たい炭酸水 ——————————— 120g
揚げ油
［仕上げ］
塩
粗挽き唐辛子
黒こしょう
黒ねりごま

ボウルにばら干しのりと一口大にちぎった焼きのり、黒ごまを入れる。
薄力粉と片栗粉をまぶし、冷たい炭酸水を加えて粉気が少し残る程度に
混ぜる。
揚げ油を中火で熱し、混ぜたものを小さいスプーンで油に落として揚げる。
裏面がかりっとしたら裏返し、裏面もかりっとしたら油を切る。
皿に盛り、粗塩をふって粗挽き唐辛子を散らし、黒こしょうを挽く。
まわりによく混ぜた黒ねりごま（かたい時はごま油を加えて混ぜる）を
回しかける。

蒸しなすの香味だれ

p.83

なす —————————————— 4本
しょうが —————————————— 10g
ねぎ ——————————————— 10g
赤唐辛子 —————————————— 1本
しょうゆ —————————————— 20g
黒酢 ——————————————— 10g
黒砂糖 ——————————————— 5g
菜種油 ——————————————— 20g

なすは蒸気の立った蒸し器に入れ、強火で10分ほど蒸す。
途中で裏返し、かたい芯がなくなったら火を止める。
取り出して、氷水を入れたボウルに取って冷ます。
芯まで冷めたら皮をむき、へたをのぞいて好みの大きさに切り分ける。
器に盛り、しょうがとねぎの粗みじん切りをのせ、赤唐辛子の小口切り
を散らす。
しょうゆ、黒酢、黒砂糖を混ぜてかける。
菜種油を薄煙が立つくらいまで熱々に熱して、回しかける。

ゴーヤ	1本
さやいんげん	8本
ピーマン	8個
甘長唐辛子	8個
新しょうが	1かけ
菜種油	
塩	
薄口しょうゆ	少々
梅酢	少々

ゴーヤは縦半分に切り、へたと種をのぞいて約1cm厚さに切る。

さやいんげんはへたと筋を取り、新しょうがは千切りにする。

鍋に丸のままのピーマンと甘長唐辛子、さやいんげん、ゴーヤの順に入れて新しょうがを散らす。

菜種油をたっぷりと回しかけ、塩をふり、水を少々加えてふたをする。

中火にかけて煮立ったら、弱火で時々混ぜながら蒸し煮にする。

全体にくたっとしたら火を止める。

薄口しょうゆと梅酢を少しずつ加え混ぜ、塩味をととのえて器に盛る。

* 緑の野菜はほかにオクラ、きゅうり、冬瓜、ズッキーニ、かぼちゃ、なすなどでもおいしい。
　切らなくてもよいものはなるべく切らずに、やわらかなものは大ぶりに切って入れる。

［揚げ豚］	
豚ばら塊肉	400g
（うち80gは、p.92「炙りトマトのあえ麺」に使用する）	
米油	
しょうゆ	20g
酒	20g
［仕上げ］	
葉野菜（レタス、えごまの葉、しそなど）	適量
とうもろこし	1本
梅醬（p.91）	約大さじ1
米油	大さじ1

鍋に豚ばら肉が塊のままつかる量の米油を入れて中火にかける。

油が温まったら、豚ばら肉を入れて中弱火で揚げる（a）。

転がしながら全体が色づくまで揚げ、油を切って熱いうちにしょうゆと酒をまぶす。

冷めたら薄切りにし、汁に漬けておく。

作り方　次頁につづく

葉野菜は洗って冷水につけ、パリッとしたら水気をよく切って冷やす。

とうもろこしは実を外してばらす。

フライパンを熱して米油を入れ、中強火でとうもろこしをさっと炒める。

豚肉を汁ごと入れて炒め合わせ、梅醬を加えてからめ、火を止める。

炒めたものを温めた皿に盛り、葉野菜を添えて供する。

各自、食卓で葉野菜に包んで食べる。

a

梅醬

作りやすい分量

梅干し	大2個
豆豉	大さじ1
赤唐辛子（あれば生）	2本
しょうが	1かけ
にんにく	1かけ
米油	大さじ4

梅干しの果肉、豆豉、赤唐辛子（種ごと）、しょうが、にんにくは全て粗みじん切りにして瓶に入れる。

米油を加えてよく混ぜる。

寄せ豆腐とパセリのスープ
p.86

寄せ豆腐	1丁
パセリ	数本
いりこと昆布の水だし(*p.57*)	600g
酒	20g
塩	

寄せ豆腐はざっと水気を切る。
パセリは葉を摘み、細かいみじん切りにする。
いりこと昆布の水だしとパセリの茎を鍋に入れ、酒と塩を加えて熱する。
煮立ったらパセリの茎を取り出し、寄せ豆腐を入れて、一煮立ちするまで煮る。
塩味をととのえ、パセリのみじん切りを加えて火を止める。

炙りトマトのあえ麺
p.87

[たれ]	
ミニトマト	400g
揚げ豚(*p.91*「揚げ豚ととうもろこしの梅醤炒め」より)	80g
にんにく	1かけ
生赤唐辛子	2本
魚醤	20g
酢	20g
[あえ麺]	
好みの瓜	100g
好みの乾麺	200g
好みの薬味	
ごま	大さじ2

たれを作る。
ミニトマトはへたを取り、焼き網にのせて強火で皮が黒くなるまで炙り、皮をむく。
揚げ豚を小さく刻み、にんにくはつぶし、生赤唐辛子は小口切りにする。
全て合わせ、魚醤、酢を加えて混ぜる。
瓜は皮をむいて種をのぞき、薄い小口切りにする。
湯をたっぷりと沸かして麺をゆで、ゆで上がり30秒ほど前に瓜を入れる。
ざるに上げて流水で洗い、氷水で締めて鉢に盛る。
たれをかけて薬味を散らし、いりごまをふる。

* 揚げ豚の代わりに、豚や鶏のひき肉(1人約30g)をこんがりと炒めて使ってもよい。
* 麺はそうめん、細いうどん。瓜は冬瓜、白瓜、地きゅうり。薬味は小ねぎ、ミント、香菜、えごまなどがよく合う。

黄色い果実のグラス

p.88

晩柑	1個
パッションフルーツ	2個
[乳白もち]	
タピオカ粉	40g
グラニュー糖	40g
牛乳	100g
水	100g
[仕上げ]	
練乳	20g

晩柑は薄皮までむき、パッションフルーツは丸のままよく冷やしておく。

乳白もちを作る。

鍋にタピオカ粉、グラニュー糖、牛乳、水を入れ、なめらかになるまで混ぜる。

中火にかけ、へらで常に混ぜながら煮る。

段々と重たくなり、鍋の中心がぶくぶくと沸騰したら、氷水に取る。

冷たくなったら水で濡らしたまな板にのせ、一口大に切る。

冷やしたグラスに乳白もちと晩柑を盛り、練乳をかける。

パッションフルーツを半分に切り、果肉をスプーンですくってかける。

* 果物はほかにゴールドキウイ、パイナップル、マンゴーなどを好みで組み合わせる。

2018年
9月

夏、再びモロッコへ。
マラケシュの光と陰、
エッサウィラの風。
森の中の美しい家。
小さな村の温かな家族。
あの色と匂いは、
たしかに私の中で生き続けている。

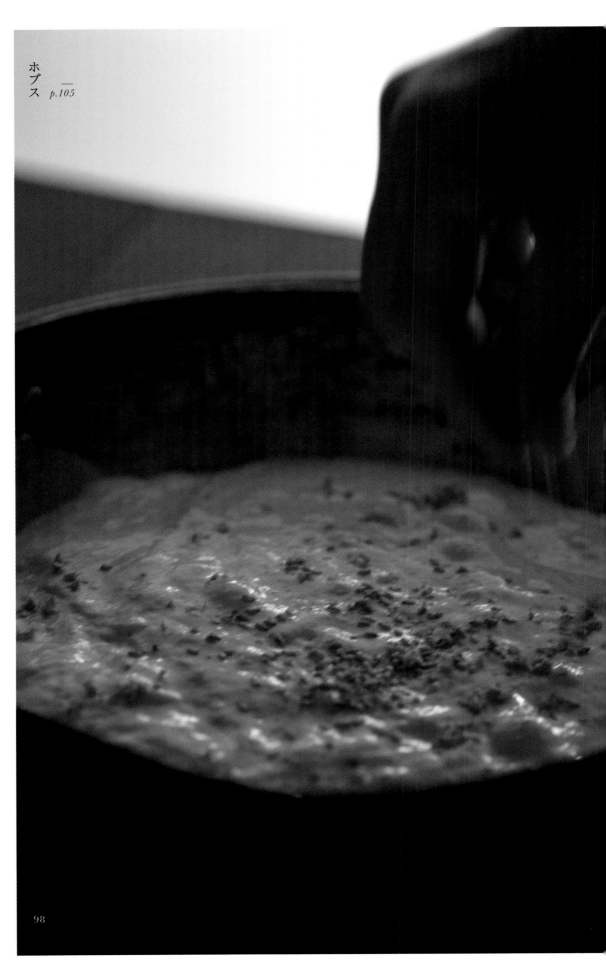

ホブス ^{p.105}

揚げ焼きなすのサラダ
—
p.106

焼きなすとレモンのサラダ
— p.106

ホブス

—
p.98

直径約20cm大1枚分

強力粉または二度挽きセモリナ粉 ———	100g
薄力粉 ———————————————	100g
ドライイースト —————————	0.5g
塩 —————————————————	4g
はちみつ ————————————	10g
水 —————————————————	180g

［仕上げ］
小麦ふすままたは白すりごま ———— 大さじ1

ボウルに強力粉または二度挽きセモリナ粉、薄力粉、ドライイースト、
塩を入れてよく混ぜ、中心にくぼみを作る。

別のボウルにはちみつと水を入れてよく混ぜ、粉のボウルのくぼみに注ぐ。
スケッパーでボウルの底からすくい上げるように混ぜ、粉気がなくなる
まで混ぜる。

一回り小さいボウルに生地を落とすように移し入れ、ラップを二重にし
て密封する。

1時間ほど常温においたら、冷蔵庫の野菜室で一晩発酵させる。

冷蔵庫から出して1時間ほどおき、生地を常温に戻す。

オーブンシートを敷いた天板にへらを使って生地を移し、手を濡らして
丸い形に整える。

たっぷりと霧を吹き、さらに30分ほど暖かいところ（約30℃）において
発酵させる。

霧を吹き、小麦ふすままたは白すりごまを全体にふる。

220℃のオーブンで15分ほど、途中2回ほど霧を吹きながら全体がき
つね色になるまで焼く。

* ホブスは、モロッコで日常的に食べられている平焼きのパン。全ての料理に添え、モロッ
  コの人はスプーンやフォークの代わりにホブスに料理を挟んで食べる。

揚げ焼きなすのサラダ —— *p.99*

なす	400g
オリーブ油	50g
干しぶどう	50g
［ソース］	
トマト（完熟）	400g
にんにく	1かけ
パプリカパウダー	小さじ1/4
クミンパウダー	小さじ1/4
オリーブ油	
塩	
ワインビネガー	30g
コリアンダー	数本

なすはへたをのぞき、約1cm大に切る。

切ったらすぐにフライパンに入れてオリーブ油を回しかけ、中強火にかける。

あまり混ぜないようにし、下面に香ばしい焼き色がついたら上下を返す。

全体がこんがりと色づいたら、盆ざるに広げて油を切る。

干しぶどうはひたひたの水に浸しておく。

ソースを作る。

トマトとにんにくはすりおろして鍋に入れ、パプリカパウダー、クミンパウダー、オリーブ油、粗塩を加えて混ぜる。

中火にかけて水分がほぼなくなるまで煮る。

なすと水気を切った干しぶどうを加えて中火にかける。

熱くなってきたらワインビネガーを回しかけ、一煮立ちさせて火を止める。

コリアンダーの粗みじん切りを加え混ぜ、なすの上にまわしかける。

* なすはしっかりと火を通すので、煮崩れしにくい実のしまったものを使う。
* 生の完熟トマトがない時は、トマト水煮の汁気を切って使う。

焼きなすとレモンのサラダ —— *p.100*

なす	400g
レモンの塩漬け（*p.107*）	15g
レモン	10g
にんにく	小1かけ
コリアンダー	数本
イタリアンパセリ	数本
ミント	ひとつかみ
オリーブ油	大さじ2
塩	

作り方　次頁につづく

なすは丸のまま網にのせ、直火で真っ黒になるまで転がしながら焼く。
粗熱が取れたら皮をむき、大まかに切ってボウルに入れる。
レモンの塩漬けの粗みじん切り、レモン汁、つぶしたにんにく、オリーブ油を加えて混ぜる。
コリアンダー、イタリアンパセリの粗みじん切りを加え混ぜ、塩味をととのえる。
器に盛り、ミントの葉を散らす。

レモンの塩漬け

作りやすい分量
レモン ——————————————— 1kg
塩 ————————————————— レモンの20%

レモンは半分から4等分に切り、種をのぞく。
清潔な瓶に塩と交互に重ねていき、ふたをしてそのまま室温で塩が溶けるまでおく。
冷蔵庫で保存する。

* そのままタジンなどに使ったり、細かく刻んでさまざまな料理の隠し味や仕上げに使う。一部をフードプロセッサーでねっとりとするまで撹拌し、レモン塩ペーストにして瓶詰めにしておくと、使い勝手がよくなる。
* 1年以上保存すると、色が褪せるが熟成して味がこなれて、さらにおいしい。

揚げなすのピュレ

p.101

丸なす ——————————————— 2個（正味400g）
にんにく —————————————— 1かけ
レモン ——————————————— 20g
揚げ油
塩

丸なすはへたを落として1cm厚さの輪切りにする。
中火で熱した揚げ油に入れ、こんがりするまで揚げる。
網にとって油を切り、粗熱が取れたら皮をのぞき、ペーパーで油を拭き取る。
ボウルに入れ、すりこぎでまんべんなくつぶす。
にんにくのすりおろし、レモン汁、粗塩を加えてねっとりするまで混ぜる。

ハリラ

___
p.102

8人分

ひよこ豆	50g
レンズ豆	50g
セロリの葉	1本分
イタリアンパセリ	数本
コリアンダー	数本
赤玉ねぎ	50g
トマト（完熟）	500g
ジンジャーパウダー	小さじ1/4
こしょう	小さじ1/4
小麦粉	40g
ひよこ豆のゆで汁	600g
トマトペースト	30g
オリーブ油	
塩	

ひよこ豆は鍋に入れ、たっぷりかぶるくらいの熱湯をかける。
湯が冷めたらこぼし、再びたっぷりの熱湯をかける。
湯が冷めたら漬け水ごと中火にかけ、煮立ったら弱火でゆでる。
ごくやわらかくなったら火を止めて冷まし、薄皮を取り除き、ゆで汁は
とっておく。
レンズ豆は洗って別の鍋に入れる。
セロリの葉、イタリアンパセリ、コリアンダーのみじん切りを加える。
赤玉ねぎとトマトをすりおろし、トマトの皮はのぞいて加える。
ジンジャーパウダー、こしょう、塩、オリーブ油を加えてふたをする。
中火にかけ、沸いてきたら一混ぜし、ふたをして蒸し煮にする。
レンズ豆がほぼやわらかくなったら、熱湯をかぶるくらい注ぎ、ひよこ
豆を加える。
小麦粉をボウルに入れ、ひよこ豆のゆで汁を加えて泡立て器で混ぜ、ト
マトペーストを加えてさらに混ぜる。
混ぜながらスープの鍋に加え、鍋底が焦げないように時々混ぜながら煮る。
途中、重たくなりすぎたら必要に応じて水を加え、さらに30分ほど煮る。
塩味をととのえて、火を止める。

* ハリラはモロッコの人々が日常的に食べるスープ。イスラム教のラマダンが明けに、
  初めに食べるのもこの料理。

いわしのケフタのタジン

p.103

［ケフタ］
いわし ——————————————————— 200g（正味約8尾）
冷やごはん ——————————————— 50g
にんにく ————————————————— 1かけ
玉ねぎ ———————————————————— 100g
イタリアンパセリ ————————————— 数本
コリアンダー —————————————— 数本
レモン汁 ——————————————————— 小さじ2
レモンの皮のすりおろし ——————— 1個分
パプリカパウダー ——————————— 少々
オリーブ油 ————————————————— 大さじ1
塩
こしょう
［その他］
玉ねぎ ———————————————————— 200g
トマト ——————————————————— 200g
コリアンダー —————————————— 数本
イタリアンパセリ ————————————— 数本
にんにく ————————————————— 1かけ
赤ピーマン ————————————————— 4個
じゃがいも ————————————————— 小8個
スパイス（クミンパウダー、コリアンダーパウダー、
　ジンジャーパウダー、パプリカパウダー）————— 各小さじ1/4
赤唐辛子 ——————————————————— 2本
オリーブ油 ————————————————— 大さじ4
塩
［仕上げ］
イタリアンパセリ ————————————— 数本
コリアンダー —————————————— 数本
レモン ——————————————————— 1個

ケフタを作る。
いわしは頭とわたをのぞき、手開きにして骨を除く。
塩水で洗って水気を拭き取り、粗く刻んでボウルに入れる。
冷やごはん、にんにくのすりおろし、玉ねぎ、イタリアンパセリ、コリ
アンダーの粗みじん切り、レモン汁、レモンの皮のすりおろし、パプリ
カパウダー、塩、こしょう、オリーブ油を加え混ぜ、冷蔵庫で冷やして
おく。
タジンまたは土鍋の底にオリーブ油を回しかける。
玉ねぎとトマトは皮をむき、薄い輪切りにして半量を敷く。
コリアンダー、イタリアンパセリ、にんにくはみじん切りにして半量を
散らす。
赤ピーマンは丸のまま、円を描くように並べる。
じゃがいもは皮をむいて縦半分に切り、切り口を下にして赤ピーマンの
間におく。

作り方　次頁につづく

残りの玉ねぎ、トマト、にんにく、コリアンダー、イタリアンパセリをのせる。

スパイスを混ぜて全体にふり、赤唐辛子をちぎって散らす。

オリーブ油大さじ2を回しかけ、粗塩をふる。

水を鍋底1cmほど注いでふたをし、中火にかける。

煮立ったら、ごく弱火にして1時間ほど蒸し煮にする。

ケフタの生地を小さなスプーン2本で取って丸くし、野菜がやわらかくなったところに入れる。

残りのオリーブ油を回しかけ、再びふたをして、さらに弱火で約10分蒸し煮にする。

仕上げにイタリアンパセリとコリアンダーのみじん切りを散らし、レモンのくし切りを添えて供する。

* 冷やごはんの代わりに、米を研がずにかためにゆで、さっと洗って使ってもよい。

いちじくと青みかんのソルベ

——
p.104

[いちじくのソルベ]
いちじく ——————————————————— 100g
きび砂糖 ——————————————————— 25g
青い柑橘の汁（かぼす、すだち、青レモン、シークワーサーなど）— 10g
[青みかんのソルベ]
青みかん ——————————————— 200g（正味）
[仕上げ]
シナモンスティック（好みで）
はちみつ

いちじくのソルベを作る。

いちじくは洗ってかたい軸をのぞく。

フォークなどでつぶし、きび砂糖を加えてよく混ぜる。

容器に入れて平らにならし、ラップまたはオーブンシートを表面に貼りつけて冷凍する。

青みかんのソルベを作る。

青みかんは皮ごと冷凍し、かたくなったらナイフで皮をむく。

乱切りにし、フードプロセッサーでねっとりとするまで攪拌する。

いちじくのソルベをやわらかく練り、青い柑橘の汁を加え混ぜる。

冷やした器に2種類のソルベを盛り、好みでシナモンスティックを削り、はちみつを回しかける。

* いちじくが出回る時期に採れる、皮がまだほんのり青い早生みかんで作ると爽やかでおいしい。

2018年
10月

ぶどう棚、ヘーゼルナッツ畑、栗の林、
青と白のタイルの厨房、銅の鍋、
花々や香草であふれた庭、雪を頂くアルプス……
ピエモンテの日々を想うと、切なくなる。
胸が張り裂けそうなほどに美しい記憶の断片を、
せめて料理でつなぎとめておこう。

グリッシーニ
—
p.118

栗のラヴィオリ・アル・プリン
—
p.119

白菜のサラダ　—
p.120

鶏肉のグリーンオリーブ煮

p.121

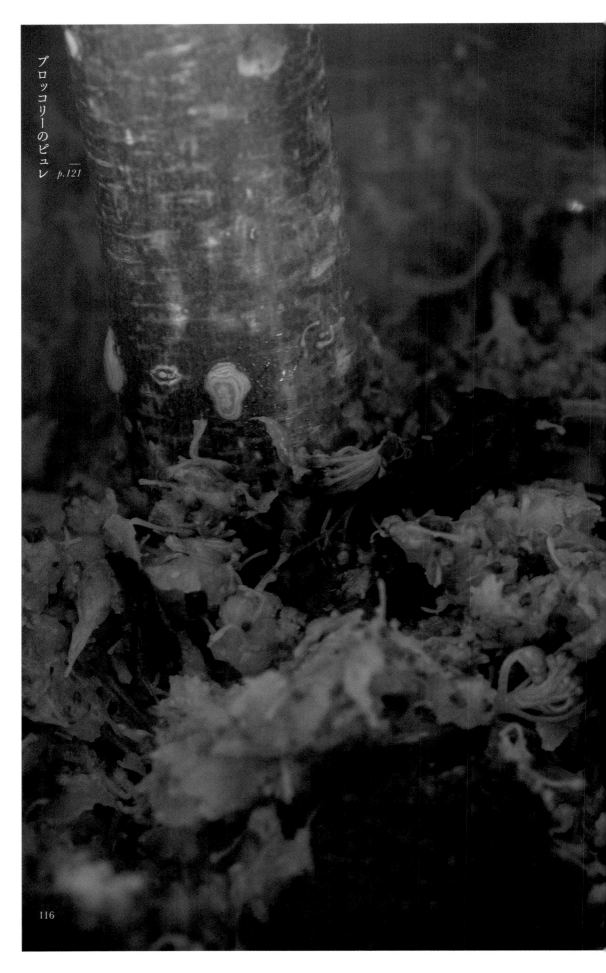

ブロッコリーのピュレ p.121

ボネッ
—
p.122

グリッシーニ

p.112

20本分
小麦粉（イタリア産00）——————— 200g
ドライイースト ——————————— 1g
塩 ——————————————————— 5g
オリーブ油 ———————————————— 10g
水 ——————————————————— 120g
［仕上げ］
塩
セモリナ粉

ボウルに小麦粉とドライイーストを入れて混ぜ、中心にくぼみを作る。
別のボウルに塩、オリーブ油、水を入れて混ぜ、粉のくぼみに注いで混
ぜていく。
ひとまとめにしたら台の上に移し、表面がなめらかになるまでこねる。
オーブンシートを敷いた天板に移し、麺棒で20cm×15cmの長方形に伸
ばす。
オーブンシートで覆い、さらに水で濡らしたキッチンペーパーをかける。
時々たっぷりと霧を吹きながら、常温に約5時間おいて発酵させる。
ふんわりと膨らんだら、水で濡らした手で厚みを均一にする。
包丁で、1cm太さの棒状に切る（*a*）。
バットにセモリナ粉をたっぷりと入れ、伸ばした生地を1本ずつ入れて
まぶす（*b*）。生地の両端を持ち、力を入れすぎないように両側に引っ張る。
オーブンの天板に収まる長さに伸ばし、オーブンシートを敷いた天板に
間をあけて並べる（*c*）。
200℃に温めたオーブンに入れて20分ほど焼き、おいしそうな焼き色
がついたら、1本割ってみる。
中がまだやわらかい場合は、様子を見ながらもう数分焼く。
芯までかりっとしたら、そのままオーブンの中で冷まし、完全に冷めた
ら取り出す。

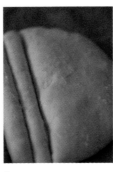

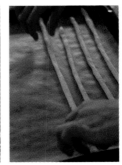

a   *b*   *c*

栗のラヴィオリ・アル・プリン

p.113

[詰め物]
栗 ——————————————— 200g
牛乳 ————————————— 50g
水 ——————————————— 100g
塩 ——————————————— 少々
[生地]
強力粉 ——————————— 50g
薄力粉 ——————————— 50g
卵 ——————————————— 1個(正味約50g)
オリーブ油 ————————— 10g
水 ——————————————— 適宜
[ソース]
バター ——————————— 40g
[仕上げ]
パルミジャーノ・レッジャーノ ——— 適量
塩

詰め物を作る。

栗は皮ごと鍋に入れ、水をたっぷりかぶるくらい注いで強火にかける。

煮立ったらふたをして中火で約1時間ゆで、ゆで汁につけたまま粗熱を取る。

皮を剥くか、栗を水平に切ってスプーンで果肉をくり抜き、傷んだところがあれば丁寧にのぞく。

鍋に入れてへらで崩し、牛乳と水を加えて中火にかける。

混ぜながら煮て、ねっとりとしたら塩を加え混ぜる。

冷めたら1.5cm大に丸めておく。

生地を作る。

ボウルに強力粉、薄力粉を入れ、中心にくぼみを作って卵を割り入れ、オリーブ油を加える。

フォークなどで混ぜ、段々と粉と合わせてひとまとめにする。

かたい場合は水を適宜加え、台の上に移してしっかりとこねる。

表面がなめらかになったらボウルをかぶせ、30分ほどおく。

生地を4等分し、必要に応じて打ち粉をしながら、麺棒またはパスタマシーンで1mm厚さに伸ばす。

約10cm幅の帯状に切り、上下左右を2cmずつあけ、詰め物を2cm間隔で2列に並べる(*a*)。

上下の生地の両端を中心に向かって畳み、詰め物の間の空気を手のひらの脇で押さえて抜く(*b*)。

中心線をローラーで切り離し、1列にする(*c*)。

詰め物の間の生地を指でつまみ、さらにつまんだところをローラーで切り離す。

乾いた板の上に広げておく。

作り方　次頁につづく

鍋に湯を沸かし、粗塩を入れてラヴィオリをゆでる。

その間にフライパンにバターを入れ、弱火にかける。

再沸騰後、3分ほどゆでたらざるですくい、バターのフライパンに入れる。

ラヴィオリのゆで汁を適量加えて中火であえ、とろりとしたら火を止める。

塩味をととのえて温めた器に盛り、パルミジャーノ・レッジャーノをすりおろす。

* 冬場の乾燥した時期は生地が乾きやすいため、水を5gほど追加する。成形の際に生地が乾いてきたら霧を吹き、表面を軽く湿らせるといい。

* パスタマシーンの場合は、6番目のダイヤルを2回まわすところまで伸ばす。

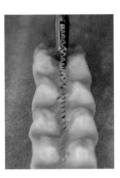

a　　　　　　　　　*b*　　　　　　　　　*c*

白菜のサラダ
p.114

白菜（芯近くのやわらかいところ）	──	200g
にんにく	──	1かけ
アンチョビ	──	2枚
オリーブ油	──	大さじ2
赤ワインビネガー	──	大さじ1
粗塩		

白菜は1枚ずつはがして冷水に浸しておき、しっかりと水気を切って冷やしておく。

ざく切りにし、にんにくをこすりつけた器に盛る。

アンチョビのみじん切りを散らし、オリーブ油、赤ワインビネガーをかけ、粗塩をふり、ふんわりとあえる。

鶏肉のグリーンオリーブ煮

p.115

鶏骨つきもも肉	4切れ（約600g）
塩	
ハーブ	適量
にんにく	1かけ
玉ねぎ	1個
白ワイン	100g
グリーンオリーブ	40g
松の実	20g
オリーブ油	20g
塩	
［仕上げ］	
ローズマリー	2枝
イタリアンパセリ	数本

鶏骨つきもも肉は脂をのぞいて塩少々をふり、ハーブの枝をまぶしておく。
にんにくは芯をのぞいてつぶし、玉ねぎは薄切りにする。
フライパンにオリーブ油を引き、中火にかける。
ハーブの枝をはずし、鶏肉の皮目を下にして入れる。
きれいな焼き色がつくまで触らずにおき、色づいたら裏返してにんにく
と玉ねぎを加え、白ワインを回しかける。
中強火にしてアルコールを飛ばしたら、水をかぶるくらい加え、外して
おいたハーブの枝をのせる。
ふたをして弱火で30〜40分、骨から肉がすんなりと外れるくらいまで煮る。
ハーブをのぞき、種をのぞいたグリーンオリーブと松の実を粗みじん切
りにして散らす。
塩味をととのえ、ローズマリーの葉とイタリアンパセリをみじん切りに
して散らし、温めた器に盛る。

* ハーブはタイム、オレガノ、セージ、ローリエ、ローズマリーなどのうち、数種類を取
  り混ぜて使う。

ブロッコリーのピュレ

p.116

ブロッコリー	1個
オリーブ油	40g＋仕上げ用　適量
塩	

ブロッコリーは丸のまま、あるいは半分に切って蒸気の立った蒸し器に
入れ、ごくやわらかくなるまで蒸す。
ボウルに入れ、へらなどでねっとりするまでつぶす。
粗塩をふり、オリーブ油を加え混ぜ、熱々を温めた器に盛る。
仕上げにオリーブ油を回しかけ、粗塩をふる。

* 冷めたら水を適量加えて中火で混ぜながら、沸騰するまで煮る。

ボネッ

——
p.117

直径15cmの丸型1個分
［キャラメルソース］
グラニュー糖 ———————————— 50g
水 ————————————————— 40g
［生地］
卵 ————————————————— 2個
ココアパウダー ————————————— 20g
きび砂糖 ——————————————— 90g
リキュール（アマレット、ラムなど）—— 5g
アマレッティ（*p.123*）————————— 50g
牛乳 ———————————————— 300g

キャラメルソースを作る。
小鍋にグラニュー糖と水の半量を入れ、中火にかける。
色づいてきたら鍋ごと大きく揺らし、全体に濃い茶色になったら火を止める。
残りの水を少しずつ加えてながら、鍋を傾けてなじませ、型に流し入れる。
ボウルに卵、ココアパウダー、きび砂糖、リキュールを入れて泡立て器でふんわりするまで混ぜる。
アマレッティはすりおろして（*a*）鍋に入れ、牛乳を加えて中弱火にかける。
縁にうっすらと泡が立ち始めたら、火を止める。
卵のボウルに注いで泡立てないように混ぜ、型に流して（*b*）バットにのせる。
型の1/3ほどの高さまで熱湯を注ぎ（*c*）、160℃のオーブンで約50分焼く。
中心がやや揺れるくらいで取り出し、粗熱を取る。
冷めたら冷蔵庫に入れて一晩おく。
縁を一周ぐるりとナイフなどではずし、皿をかぶせて逆さにして抜く。

* 北イタリア・ピエモンテ地方の郷土菓子である「ボネッ」（あるいは「ブネッ」）という名前は、ベレー帽のような形の帽子の名前に由来し、本来はその帽子の形に似た型で作っていた。
* ボネッに欠かせないアマレッティは、アーモンド（本来は杏仁）、卵白、グラニュー糖で作ったビスケット。イタリアでは菓子屋などで売られている。

a　　　　　　*b*　　　　　　*c*

アマレッティ

100g分
アーモンドパウダー ——————————— 45g
グラニュー糖 —————————————— 50g＋10g
卵白 ——————————————————— 20g
杏のリキュールまたはアマレット ——— 2g

アーモンドパウダーとグラニュー糖50gをボウルに入れ、泡立て器で混ぜる。
卵白を別のボウルに入れ、ハンドミキサーで軽い泡が立つまで混ぜる。
グラニュー糖10gの1/3量を加え、さらに泡立てる。
きめ細やかな泡が立ったら、残りのグラニュー糖を2回に分けて加えながら、しっかり角が立つまで泡立てる。
先に混ぜておいたアーモンドパウダーとグラニュー糖を加え、へらで切るように混ぜる。
半分ほど混ぜたら杏のリキュールまたはアマレットを加え、さらに白い塊がなくなるまで切るように混ぜる。
10gずつ丸め、オーブンシートを敷いた天板に間をあけて並べる。
表面を指で軽くおさえる（*a*）。
160℃に熱したオーブンで25分ほど焼き、きれいな焼き色がついたら取り出し（*b*）、網に取って冷ます。

* 生地を混ぜすぎると、アマレッティの特徴である軽い食感や表面のひび割れが出なくなるので注意する。
* そのまま焼き菓子として食べるほか、イタリアではかぼちゃのラヴィオリの詰め物や、ボネッ、桃のローストなどにすりおろして使う。

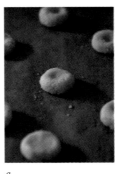

a　　　　*b*

2018年　11月

新しい年に向けて、祝いの料理を拵える。

華美である必要はない。

ただひたすらに、季節の声を聞き、

自然に目を凝らす。

小鯛の浜焼き
━ p.133

紅白なます
━ p.133

大根の奉書巻
━ p.134

126

たこの黄身衣 *p.137*

松風焼き
—
p.138

白い炊き合わせ

p.138

たたき菜の
雑煮
— p.139

131

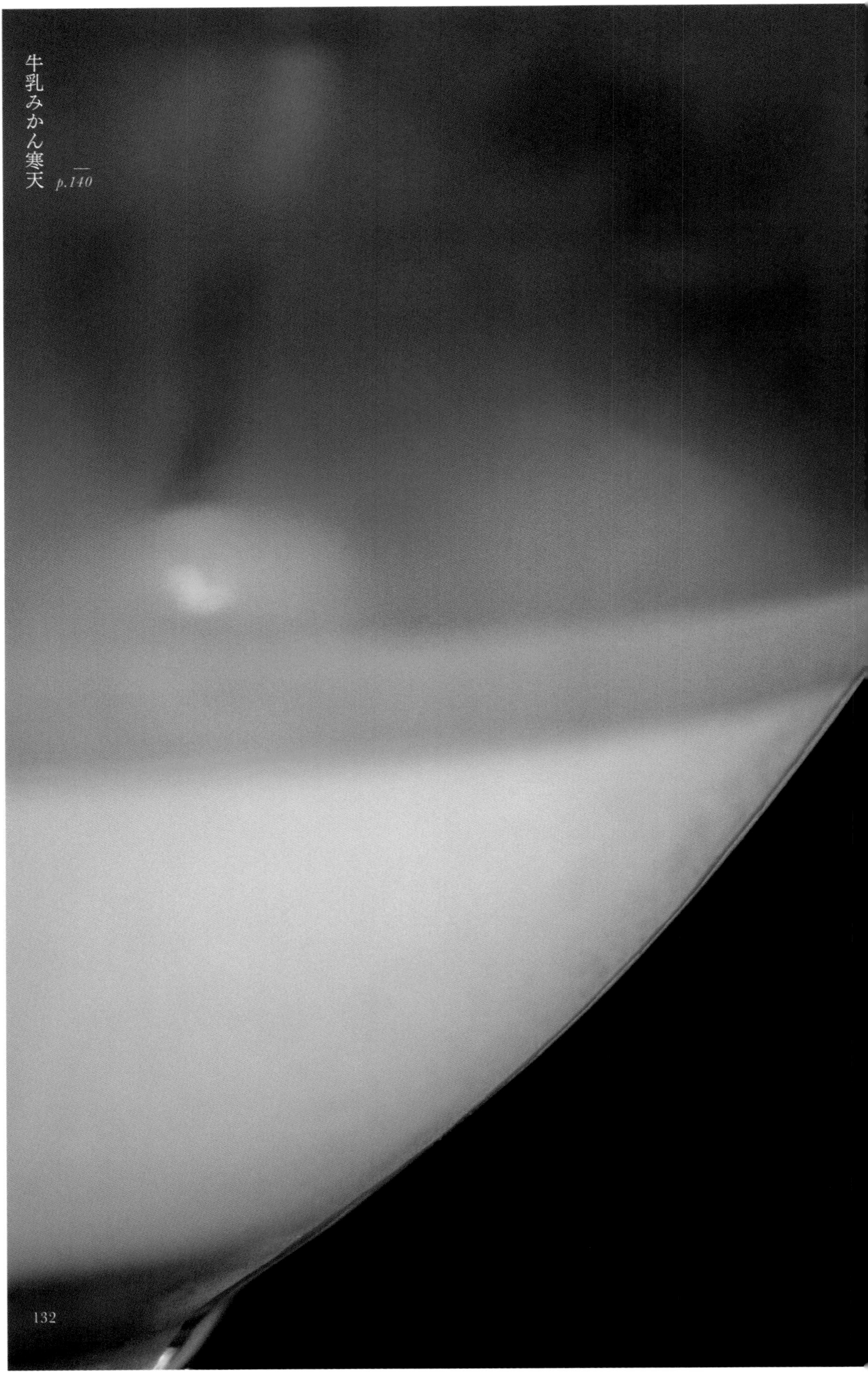

牛乳みかん寒天

— p.140

小鯛の浜焼き

p.126

小鯛	4尾
塩	鯛の重さの4%

小鯛は鱗を取らずにおき、えらから腸を抜く。

流水で洗って水気を切り、ペーパーでしっかりと水分を拭き取る。

全体にまんべんなく塩をまぶし、オーブンシートを敷いた天板に並べる。

250℃のオーブンで約8分焼く。

身の厚い部分に金串を刺して下唇に当て、熱くなっていたら取り出す。

塩のついた皮をはがし、身だけを食べる。

紅白なます

p.126

作りやすい分量

大根	400g
にんじん	20g
塩	大根とにんじんの量の1%
ゆずの皮	適量
赤唐辛子	1本
酢	約50g
［仕上げ］	
柿	1個
いりごま	

大根とにんじんは皮をむいて5cm長さに切り、ごく細い千切りにする。

合わせて1%の塩をまぶしておく。

水分が出てきたら、少しずつ取ってしっかりと絞る。

ゆずの皮は白いところをのぞき、ごく細い千切りにする。

大根、ゆず、赤唐辛子を切らずに加え、酢であえる。

時々混ぜながら冷蔵庫で味をなじませる。

器に盛り、柿の薄い乱切りをのせ、いりごまをふる。

* 酢はきんかん酢（きんかんにまんべんなく穴をあけ、酢に浸して濾したもの）を使っ
てもおいしい。

大根の奉書巻
p.126

大根	5cm
赤大根	5cm
ゆず	1個
塩	
酢	

大根はかつらむきにし、約7cm幅に切る。
赤大根は千切りにし、向きを揃えておく。
それぞれ3%の塩水に漬けておく。
ゆずの皮は白いところをのぞいて千切りにし、ひたひたの酢に漬ける。
赤大根の水気をしっかりと絞り、ゆずの皮の酢漬けに浸す。
大根を広げて縦におき（a）、手前に赤大根をほどよい量のせてきつく巻く。
全て巻いたら切り口を下にして容器に入れ、ゆずの搾り汁をまぶしておく。
端を切り落とし、切り口を上にして盛る。

a

からしれんこん
p.127

作りやすい分量

れんこん	小4本（約200g）
おから	20g
からし	3g（倍量の水で溶く）
みりん	5g
麦みそまたは白みそ	25g
［衣］	
くちなしの実	1個
水	100g
片栗粉	30g
薄力粉	70g
ベーキングパウダー	1g
揚げ油	

作り方　次頁につづく

れんこんは皮のまま5分ゆで、立てて冷ます。

包丁やおろし金などで皮目を軽くこすり、衣が絡みやすいようにする。

おから、練ったからし、みりん、麦みそまたは白みそを混ぜて穴に詰め、立ててしばらくおく。

出てきたみそをぬぐい、表面をきれいにする。

くちなしの実はつぶして分量の水に浸し、水が黄色くなったら濾す。

ボウルに片栗粉、薄力粉、ベーキングパウダーを入れ、黄色い水を加えてなめらかに混ぜ、衣を作る。

太めの針金を長めのS字に曲げ、一方の先を中心の穴に刺して引っ掛ける（a）。

もう一方を手でもち、衣をスプーンですくってまんべんなく絡める。

小鍋にれんこんがつかるくらいの量の揚げ油を注ぎ、中火にかける。

油が温まったられんこんを針金で支えながら入れる（b）。

鍋底につかないように少し浮かせ、スプーンで油をかけながら揚げる。

全体がかりっとしたら一旦取り出す。

もう一度衣をたっぷりとつけて、同様にして表面がかたまるまで揚げる。

粗熱が取れたら、1cm厚さの輪切りにする（c）。

＊ くちなしの実がない時は、ターメリック1gを粉類と混ぜて使う。

a   b   c

銀杏入りつまみ揚げ

___
p.127

約12個分

銀杏	30粒
すり身	150g
卵白	20g
揚げ油	

銀杏は殻を割り、熱湯をかけて薄皮をむく。

半量はそのまま、半量はボウルに入れてすりこぎなどで粗くつぶす。

すり身と卵白を加え、ねっとりするまでよく混ぜる。

揚げ油を中火で熱し、小さなスプーン2本で丸く取って落として揚げる。

こんがりとしたら、油を切る。

たたきごぼう
———
p.127

ごぼう ——————————— 200g
[あえ衣]
みそ ——————————— 10g
薄口しょうゆ ——————— 30g
酢 ———————————— 30g
いりごま ——————— 20g＋5g（仕上げ用）
白ねりごま ——————— 20g

ごぼうは皮を包丁の背やたわしでやさしく洗う。
鍋に入る長さに切り、水にさらす。
湯を沸かして酢（分量外）を適量入れ、強火でごぼうをゆでる。
ほどよいやわらかさになったら、ざるに上げて水気を切る。
熱いうちにすりこぎで軽く叩き、食べやすい長さに切る。
さらに、割れ目から食べやすい太さに裂く。
ごぼうが熱いうちにみそ、薄口しょうゆ、酢であえる。
供する前にいりごまを半ずりにし、白ねりごまを加え混ぜる。
ごぼうを入れてあえ、仕上げ用のいりごまをふる。

焼きいもきんとん
———
p.127

さつまいも ——————— 400g（正味）
水 ————————————— 200g
塩 ————————————— ひとつまみ
[栗の蜜漬け]
栗 ————————————— 300g
きび砂糖 ——————— 100g
水 ————————————— 100g

焼きいもを作る。
さつまいもは濡らした新聞紙とアルミ箔で包む。
焚き火や薪ストーブの熾火に入れるか、200℃のオーブンで1時間ほど、
芯までやわらかくなるまで焼く。
熱いうちに皮とへたをのぞいて裏濾しし、量を量る。
栗の蜜漬けを作る。
栗は鍋に入れ、かぶるくらいの水を注いでふたをして中火にかける。
30〜40分ほど（栗の大きさによる）ゆで、火を止める。
粗熱が取れたら、なるべく形を崩さないように渋皮までむく。
鍋にきび砂糖と水を入れて中火で煮る。
砂糖が溶けて一煮立ちしたら火を止め、栗を漬けておく。
焼きいもを鍋に入れて中火にかけ、水、塩を加えてへらで練りながら煮る。

作り方　次頁につづく

中心まで沸騰したら、栗の蜜を焼きいもの重さの10%加える。
さらに中火で練り、再び沸騰したら火を止め、栗を加えて軽くあえる。

* 栗の渋皮煮や、蒸してやわらかくした甘栗を使ってもよい。

たこの黄身衣

p.128

ゆでだこ	200g
酢	50g
いりこと昆布の水だし (*p.57*)	50g
ゆずの皮	適量
[黄身衣]	
卵黄	2個
塩	ひとつまみ

ゆでだこは薄いそぎ切りにし、酢、いりこと昆布の水だし、ゆずの皮の
千切りをまぶしておく。
黄身衣を作る。
卵黄と塩を小鍋に入れて弱火にかけ、箸を何本かまとめて持って絶えず
混ぜながら炒る (*a*)。
水分が飛んだら火を止める。
熱いうちに裏ごしにかけるか、ハンディブレンダーなどで細かくする。
たこの汁気を切り、黄身衣をかけて供する。

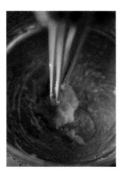

a

松風焼き
p.129

15cm×15cmの型1個分
鶏ひき肉 ——————————————— 250g
酒 ——————————————————— 15g
みりん ————————————————— 15g
みそ ——————————————————— 20g
れんこん ——————————————— 100g
しょうが ———————————————— 40g
卵 ——————————————————— 1個
えごまの実 ——————————— 10g＋仕上用 適量
青山椒
[仕上げ]
えごまの実
青山椒

ボウルに鶏ひき肉と酒、みりん、みそを入れてよく練る。
れんこんとしょうがのすりおろし、卵、えごまの実、挽いた青山椒を加
えて混ぜる。
型にオーブンシートを敷き込み、種を流して表面をならす。
180℃のオーブンに入れ、30分ほど焼く。
うっすら焼き色がついたら取り出し、粗熱が取れたら型から抜く。
三角形に切り分け、えごまの実をまんべんなくふり、青山椒を挽く。

白い炊き合わせ
p.130

かぶ ——————————————————— 小4個
里いも ————————————————— 中4個
高野豆腐 ———————————————— 小4個
いりこと昆布の水だし (p.57) ——————— 800g＋適量
酒 ——————————————————— 40g
塩
ゆずの皮

かぶは葉を落とし、切り口に十字の切れ込みを入れる。
里いもは皮をむき、汚れをしっかりと拭き取る。
鍋にいりこと昆布の水だしと酒を入れて煮立て、うっすら塩味をつける。
かぶと里いもを入れた器に注ぎ、オーブンシートで落し蓋をする。
蒸気の立った蒸し器に入れて、強火で15分ほど蒸す。
合間に高野豆腐を入れ、様子を見て全体が浸るよう、適宜だしを加える。
30分ほど蒸し、全ての具が芯までやわらかく煮えたら、火を止める。
30分ほどおいたら強火で温め、味をみて塩味をととのえる。
汁ごとめいめいの器に盛り分けたら、へぎゆずをのせる。

* 高野豆腐は調味をした熱いだしに直接入れて煮るものを使う。

たたき菜の雑煮

p.131

好みの青菜	200g
もち	4個
いりこと昆布の水だし (*p.57*)	600g
酒	40g
塩	
ゆずの皮	

青菜は1本ずつ根からはがし、よく洗って冷水に浸しておく (*a*)。

湯を沸かして塩を入れ、青菜を大きな葉から順に入れてゆでる。

ボウルに水をはり、うっすら塩味がつくくらいの塩を加えて混ぜる。

青菜が青々として、ほどよくやわらかくなったら、塩水に浸す。

水気は絞らずにざく切りにし、さらになるべく細かく叩く (*b*)。

もちはそのまま、あるいは好みで香ばしく焼く。

青菜のゆで汁を沸かして火を止め、もちを入れて余熱でやわらかくする。

別の鍋にいりこと昆布の水だし、酒、塩を入れて一煮立ちさせ、塩味をととのえる。

温めた器にたたき菜を盛り、湯を切ったもちをのせる。

熱々の汁をそっと注ぎ、へぎゆずをのせる (*c*)。

* 青菜は高菜、からし菜、かぶの葉、ほうれん草、春菊、せりなど、好みのものを選ぶ。青菜や豆などの緑の野菜、山菜などは、ゆでたらすぐに約1％の塩水に浸しておくと、青々として、みずみずしいまま保存できる。
* もちがかたい時はごく弱火でゆでる。

a　　　　　　*b*　　　　　　*c*

牛乳みかん寒天

p.132

8人分
[みかんの蜜漬け]
みかん ——————————————— 小8個
グラニュー糖 ——————————— 80g
水 ————————————————— 100g
ゆずの搾り汁 ——————————— 10g
レモンの搾り汁 —————————— 10g
みかんの搾り汁 —————————— 50g
[牛乳寒天]
水 ————————————————— 200g
粉寒天 —————————————— 2g
グラニュー糖 ——————————— 40g
牛乳 ——————————————— 200g

みかんの蜜漬けを作る。
みかんは皮をむき、かぶるくらいの冷水に浸して白いわたをふやかす。
一房ずつに分け、わたをできるだけのぞいて容器に入れる。
鍋にグラニュー糖と水を入れて中火にかけ、煮立ったら火を止める。
冷めたらみかんの容器に注ぎ、柑橘の搾り汁を全て加える。
ラップで落としぶたをし、さらにふたをする。
冷蔵庫で一晩おき、なじませる。
牛乳寒天を作る。
鍋に水と粉寒天を入れて混ぜ、中火にかける。
へらで常に混ぜながら煮て、吹き上がった瞬間にグラニュー糖を加える。
再び吹き上がったらすぐに火を止めて、牛乳を加え混ぜる。
器に流し入れ、粗熱が取れたら冷蔵庫で冷やしかためる。
牛乳寒天にみかんの蜜漬けをたっぷりとかける。

* みかんは小さく、薄皮がなるべく薄いものを選ぶ

2018年
12月

緑、白、黒、赤、白……
色の表現は言葉にすると一言だが、
皿に描かれた色には無数の濃淡があり、
影と光がある。
私はそれを見たくて、
ずっと料理を続けている。

アボカドの巣篭もり
p.149

白いクレスペッレ
p.150

黒こしょうのロースト

p.151

ゆで黒豆

p.152

赤いフォカッチャ

—
p.153

白いセミフレッド
—
p.154

アボカドの巣篭もり
―――
p.142

アボカド	2個
うずらの卵	4個
葉野菜	120g
[ソース]	
にんにく	小1かけ
レモン汁	40g
オリーブ油	40g
塩	ふたつまみ
[仕上げ]	
塩	

小鍋に湯を沸かし、冷蔵庫から出したてのうずらの卵をそっと入れる。

湯の中でくるりと混ぜて卵黄を中心に寄せ、中火で2分ゆでる。

すぐに冷水をはったボウルに取り、冷めるまでおく。

殻全体にひびを入れ、お尻の方からむき、水に浸しておく。

アボカドは縦半分に切り、種を外して皮をはがすようにむく。

葉野菜はたっぷりの冷水に浸してから、しっかり水気を切って冷やしておく。

かたい茎は粗く刻み、やわらかな葉は食べやすくちぎる。

皿にうずらの卵をのせ、刻んだ葉野菜を上に盛る。

アボカドの種のくぼみでうずらの卵を覆うようにのせる（*a*）。

まわりにちぎった葉野菜をふんわりと盛る。

つぶしたにんにく、レモン汁、オリーブ油、塩少々をボウルに入れる。

とろりとするまでよく混ぜ、全体に回しかけ、粗塩をふる。

* 葉野菜はルーコラ、イタリアンパセリ、わさび菜、クレソン、コリアンダーなど、やわらかく香りのよいものをいくつか揃える。

a

白いクレスペッレ

p.143

[生地]
卵 —————————————— 60g
牛乳 ————————————— 120g
塩 —————————————— 1g
強力粉 ———————————— 30g
薄力粉 ———————————— 30g
オリーブ油 ————————— 6g
[ベシャメルソース]
バター ———————————— 20g
強力粉 ———————————— 10g
牛乳 ————————————— 200g
塩 —————————————— 1g
ナツメグ ———————————— 少々
[詰め物]
ベシャメルソース（上記）————— 120g
好みのチーズ ————————— 80g
[スープ]
カリフラワー ————————— 200g
バター ———————————— 20g
水 —————————————— 50g
牛乳 ————————————— 300g
塩
[仕上げ]
パルミジャーノ・レッジャーノ ——— 20g
オリーブ油
塩

クレスペッレを作る。
ボウルに卵、牛乳、塩を入れて混ぜ、強力粉と薄力粉、オリーブ油を加えてなめらかになるまで混ぜる。
1時間ほど常温に置いてから裏漉しする。
クレープパンを中火で熱し、油（分量外）をペーパーでしっかりと塗る。
生地を小さめのお玉1杯分（約50cc）流し、均一な厚みの丸い形に焼く。
裏面がほんのり色づいたら裏返し、もう一面もさっと焼いて取り出す（a）。
ベシャメルソースを作る。
鍋を弱火で熱してバターを溶かし、すぐに強力粉を加えてへらで混ぜる。
なめらかになったら牛乳をほんの少しずつ注ぎ、泡立て器でよく混ぜる。
むらなく混ざったらさらに牛乳を少しずつ加えて混ぜ、ある程度ゆるくなったら残りの牛乳を加えてよく混ぜる。
だまがなくなったらへらに変え、中強火でたえず混ぜながら煮る。
中心からぐつぐつと煮立ったら、火を止める。
塩とナツメグのすりおろしを加え混ぜ、冷ましておく。
スープを作る。
カリフラワーはごく薄切りにし、鍋に入れる。
バターと水を加えてふたをし、中弱火にかけて蒸し炒めにする。
時々混ぜながらくずれるくらいにやわらかくなったら、牛乳と塩を加え

混ぜて火を止め、ハンディブレンダーやミキサーでなめらかに撹拌する。

詰め物のチーズは半量を刻み、半量は塊のまま等分する。

ベシャメルソースに刻んだチーズを混ぜ、クレスペッレの中心に等分してのせる。

残りのチーズを塊のままのせ（b）、手前、両側の順に畳んで閉じる。

裏返してオリーブ油を塗った耐熱皿に並べ、表面にもオリーブ油を塗る。

250℃のオーブンで約8分、おいしそうな色がつくまで焼く。

ソースを熱々にして温めた皿に注ぎ、焼き立てのクレスペッレを盛る。

パルミジャーノ・レッジャーノをすりおろし、粗塩をふる。

a　　　　　　　*b*　　　　　　　*c*

黒こしょうのロースト

p.145

豚ロース塊肉	400g
塩	4g
黒こしょう	6g
しいたけ	200g
にんにく	1かけ
オリーブ油	20g
[ソース]	
ねぎ	400g
オリーブ油	40g
バルサミコ	40g
塩	

豚ロース塊肉は、粗塩と挽いた黒こしょうをまぶして約1時間おき、常温に戻す。

ソースを作る。

ねぎは斜め薄切りにして鍋に入れ、オリーブ油を加え、塩少々をふり、ふたをして中火で蒸し炒めにする。

ほんのりと色づき、とろりとして甘みが十分に出たらバルサミコを加え混ぜ、塩味をととのえる。

作り方　次頁につづく

混ぜて火を止め、ハンディブレンダーやミキサーでなめらかに撹拌する。

詰め物のチーズは半量を刻み、半量は塊のまま等分する。

ベシャメルソースに刻んだチーズを混ぜ、クレスペッレの中心に等分してのせる。

残りのチーズを塊のままのせ（b）、手前、両側の順に畳んで閉じる。

裏返してオリーブ油を塗った耐熱皿に並べ、表面にもオリーブ油を塗る。

250℃のオーブンで約8分、おいしそうな色がつくまで焼く。

ソースを熱々にして温めた皿に注ぎ、焼き立てのクレスペッレを盛る。

パルミジャーノ・レッジャーノをすりおろし、粗塩をふる。

しいたけは汚れを取り、石づきを落として軸ごと薄切りにする。
オーブンに入れられる鍋にオリーブ油を引き、しいたけとつぶしたにんにくを入れる。
塩少々をふってふたをし、中火で蒸し炒めにし、しんなりしたら火を止める。
鍋の縁にかけるように焼き網をのせ、豚肉の脂身を上にしておく。
250℃のオーブンで5分焼き、140℃に下げて約30分焼く。
金串を刺して数秒おき、下唇に当てて熱く感じたら、あるいは中心温度が約60℃になったら取り出す。
温かいところで10分ほどおき、余熱でさらに火を通す。
しいたけのソテーに水をかぶるくらいに加えて中火にかけ、煮立てる。
とろりとしたら豚肉を入れ、さっと煮立てて火を止める。
豚肉を好みの厚さに切って温めた皿に盛り、しいたけのソテーと温めたねぎのソースを添える。

* 肉の量を増やす時は、焼き時間を100gにつき5分ずつ足し、様子を見ながら火を通す。
* つけあわせにハーブとともにゆでた黒豆を添えるとよい。

ゆで黒豆

p.145

黒豆	100g

ハーブ（ローリエ、セージ、ローズマリーのいずれか）
塩
オリーブ油

黒豆はたっぷりかぶるくらいの熱湯をかけておく。
湯が冷めたらこぼし、再びたっぷりかぶるくらいの熱湯をかけておく。
ふっくらとふくらんだら、漬け水ごと蒸気の立った蒸し器に入れ、柔らかくなるまで1時間ほど蒸す。
ハーブを加え、ほんのり塩味がつくように塩を加え混ぜ、そのまま蒸し汁につけておく。
供する前に汁ごと蒸し直し、汁気を切ってオリーブ油を回しかける。

赤いフォカッチャ

——
p.147

直径約20cm大1枚分
［生地］
強力粉 ————————————— 200g
ドライイースト ————————— 1g
塩 ———————————————— 4g
オリーブ油 ———————————— 20g
水 ———————————————— 120g
［具］
ミニトマト ————————————— 12個
ドライトマト ———————————— 20g
粗挽き唐辛子
ドライオレガノ
オリーブ油
塩

ボウルに強力粉、ドライイースト、塩を入れてよく混ぜる。

中心にくぼみを作り、オリーブ油、水を注いで混ぜる。

ひとまとめにしたら、台の上に移し表面がなめらかになるまでこねる。

暖かいところ（約30℃）に3時間ほどおき、倍の大きさになるまで発酵
させる。

オーブンシートを敷いた天板に移し、霧を吹いて麺棒で約2cm厚さの好
みの形に伸ばす。

たっぷり霧を吹き、さらに暖かいところに1時間ほどおいて倍の高さに
なるまで発酵させる。

霧を吹き、へたを取ったミニトマトを全体に埋め込む。

250℃のオーブンで13〜15分ほど、途中2回ほど霧を吹きながら焼く。

おいしそうな焼き色がついたら取り出し、粗挽き唐辛子とドライオレガ
ノをふり、ドライトマトのみじん切りを散らす。

オリーブ油を回しかけ、粗塩を散らす。

白いセミフレッド

——
p.148

8人分　直径18cmのボウル1個分
[セミフレッド]
卵 —————————————————— 大2個（正味120g）
グラニュー糖 ——————————————— 60g
生クリーム ————————————————— 200g
レモン汁 ——————————————————— 100g
[アイシング]
粉砂糖 ——————————————————— 50g
レモン汁 ——————————————————— 10g
[ソース]
ホワイトチョコレート ——————————— 15g
生クリーム ————————————————— 30g
[仕上げ]
レモンの皮 ————————————————— 1個分
アラザン ——————————————————— 小さじ1

セミフレッドを作る。
ボウルに卵黄2個とグラニュー糖30gを入れ、もったりするまで泡立てる。
別のボウルに生クリームを入れ、氷水に当てながら8分立てにする。
また別のボウルに冷やした卵白に残りのグラニュー糖30gを3回に分け
て加えながら、しっかりと角が立つまで泡立て、メレンゲにする。
卵黄のクリームと泡立てた生クリームを合わせ、泡立て器で混ぜる。
メレンゲをひとすくい加え混ぜたら、残りのメレンゲを加えてへらで泡
をつぶさないように混ぜる。
レモン汁を糸のようにたらしながら、むらなく混ぜる。
ボウルまたは型に移し、冷凍庫に3時間以上入れて冷やしかためる。
アイシングを作る。
粉砂糖をボウルに入れ、レモン汁を加えてなめらかになるまでよく混ぜる。
ソースを作る。
細かく刻んだホワイトチョコレートをボウルに入れ、軽く沸騰させた生
クリームを加えて溶かす。
セミフレッドのボウルを皿に返し、熱い濡れ布巾を一瞬かぶせて抜く。
上からアイシングを回しかけ、冷凍庫に約10分入れてアイシングをか
ためる。
レモンの皮をすりおろし、アラザンをふって供する。
切り分けてめいめいの皿に盛り、白いソースを添える。

taishoji cookbook

2019年へつづく

細川亜衣　*ai hosokawa*

熊本taishojiにて、料理教室や各分野の展示会を主宰。
自然との対話の中から独自の視点で料理を発想し、味わい、色、
香りなど、鮮やかな感覚を食べ手に伝えることに努めている。
近著に『料理集 定番』(アノニマ・スタジオ)、『旅と料理』(CCC
メディアハウス)など。
taishoji 料理教室　　*www.taishoji.com*

撮影　　尾込真貴子
アシスタント　　平山千晶、井上千鶴
編集　　石田エリ
ブックデザイン　　新保慶太＋新保美沙子 (smbetsmb)

taishoji cookbook 2 2018

2021年5月25日　初版

著　者　　細川亜衣
発行者　　株式会社晶文社
　　　　　東京都千代田区神田神保町1-11　〒101-0051
電話　　　03-3518-4940(代表)・4942(編集)
URL　　　https://www.shobunsha.co.jp
印刷・製本　中央精版印刷株式会社

ISBN978-4-7949-7260-6 Printed in Japan